许昌市地方标准

活化胶粉复合改性沥青路面施工技术规范

DB 4110/T 2—2020

主编单位：河南金欧特实业集团股份有限公司
河南万里交通科技集团股份有限公司
许昌华杰公路勘察设计有限责任公司
许昌市规划设计院
许昌市公路事业发展中心
河南旭路科技有限公司
许昌腾飞公路工程有限公司
许昌市公路学会

批准部门：许昌市市场监督管理局
实施日期：2020 年 10 月 01 日

人民交通出版社股份有限公司

北 京

图书在版编目(CIP)数据

活化胶粉复合改性沥青路面施工技术规范 / 河南金欧特实业集团股份有限公司等主编. — 北京 : 人民交通出版社股份有限公司, 2020.12

ISBN 978-7-114-16932-8

Ⅰ. ①活… Ⅱ. ①河… Ⅲ. ①改性沥青—沥青路面—路面施工—技术规范—许昌 Ⅳ. ①U416.217-65

中国版本图书馆 CIP 数据核字(2020)第 217911 号

许昌市地方标准

Huohua Jiaofen Fuhe Gaixing Liqing Lumian Shigong Jishu Guifan

书　　名: **活化胶粉复合改性沥青路面施工技术规范**

著 作 者: 河南金欧特实业集团股份有限公司

河南万里交通科技集团股份有限公司

许昌华杰公路勘察设计有限责任公司

许昌市规划设计院

许昌市公路事业发展中心

河南旭路科技有限公司

许昌腾飞公路工程有限公司

许昌市公路学会

责任编辑: 李　瑞

责任校对: 孙国靖　扈　婕

责任印制: 刘高彤

出版发行: 人民交通出版社股份有限公司

地　　址: (100011)北京市朝阳区安定门外外馆斜街 3 号

网　　址: http://www.ccpcl.com.cn

销售电话: (010)59757973

总 经 销: 人民交通出版社股份有限公司发行部

经　　销: 各地新华书店

印　　刷: 北京市密东印刷有限公司

开　　本: 880 × 1230　1/16

印　　张: 1

字　　数: 23 千

版　　次: 2020 年 12 月　第 1 版

印　　次: 2020 年 12 月　第 1 次印刷

书　　号: ISBN 978-7-114-16932-8

定　　价: 30.00 元

(有印刷、装订质量问题的图书由本公司负责调换)

目　次

前　　言

本标准按照 GB/T 1.1—2009《标准化工作导则　第1部分：标准化文件的结构和起草规则》规则编写。

本标准由许昌市交通运输局提出并归口管理。

本标准起草单位：河南金欧特实业集团股份有限公司、河南万里交通科技集团股份有限公司、许昌华杰公路勘察设计有限责任公司、许昌市规划设计院、许昌市公路事业发展中心、河南旭路科技有限公司、许昌腾飞公路工程有限公司、许昌市公路学会。

本标准主要起草人：王敏、徐琦、刘洪磊、古献军、郑丽娟、施笃俭、姜帅、张乐虎、牛小虎、姜军凯、李慧燕、康彦良、遵阿龙、时彦霞、蔡文才、王晓丹、何光献、岳光华、王海赞、戎巧云、洪文杰、闫红军、谢超、侯云山、刘晓磊、袁淑慧。

引　言

“无废城市”建设试点是党中央国务院在打好污染防治攻坚战,决胜全面建成小康社会关键时期作出的重大改革部署。许昌市作为全国首批“无废城市”试点城市之一,深入贯彻落实党中央国务院要求,积极探索可复制、可推广的“无废城市”建设经验。根据国办发〔2018〕128号文件的要求,许昌市交通运输局经市场调研后发现,废旧轮胎胶粉复合改性沥青不但能有效提升道路使用性能和使用寿命,同时还可实现废旧轮胎的资源化综合利用,实现固体废物减量化、无害化处置。传统废胎胶粉复合改性沥青生产施工过程中存在黏度大、耗能高、易产生刺鼻气味等问题,将废旧轮胎胶粉经过活化后生产加工成活化胶粉复合改性沥青可有效解决上述问题。因此,为提高废旧轮胎的综合利用、提升道路使用性能、延长道路使用寿命、进一步促进活化胶粉复合改性沥青在沥青路面施工中的应用,结合许昌市在活化胶粉复合改性沥青方面的技术优势和工程实践经验,编制本标准。本标准填补了河南省活化胶粉复合改性沥青在道路应用方面地方标准的空白。

活化胶粉复合改性沥青路面施工技术规范

1 范围

本标准规定了活化胶粉复合改性沥青路面施工的术语和定义、材料、活化胶粉复合改性沥青路面、活化胶粉复合改性沥青同步碎石层、施工质量管理与检查验收。

本标准适用于各等级公路活化胶粉复合改性沥青路面施工,其他道路可参照执行。

2 规范性引用文件

下列文件对于本文件的应用是必不可少的,凡是注日期的引用文件,仅注日期的版本适用于本文件。凡是不注日期的引用文件,其最新版本(包括所有的修改单)适用于本文件。

GB/T 3516—2006 橡胶 溶剂抽出物的测定

GB/T 4498.1—2013 橡胶 灰分的测定 第1部分:马弗炉法

GB/T 14837.2—2014 橡胶和橡胶制品 热重分析法测定硫化胶和未硫化胶的成分

GB/T 19208—2008 硫化橡胶粉

JTG E20—2011 公路工程沥青及沥青混合料试验规程

JTG F40—2004 公路沥青路面施工技术规范

JTG E42—2005 公路工程集料试验规程

JTG F80/1—2017 公路工程质量检验评定标准

JT/T 797—2019 路用废胎橡胶粉

JT/T 798—2019 路用废胎胶粉橡胶沥青

DB 41/T 1611—2018 干拌废胎胶粉改性沥青路面施工技术规范

3 术语和定义

下列术语和定义适用于本文件。

3.1

路用废胎胶粉

汽车废旧轮胎经粉碎加工得到的具有一定粒径规格的胶粉。

3.2

活化废胎胶粉

由路用废胎胶粉、软化剂、活化剂等,在高温条件下经过特殊加工工艺制成的具有一定粒径规格的复合改性胶粉。

3.3

活化胶粉复合改性沥青

由活化废胎胶粉、基质沥青和改性剂(SBS 或 SBR 等)按一定比例经高温拌和、剪切得到的胶结料。

3.4

活化胶粉复合改性沥青混合料(ARAC)

活化胶粉复合改性沥青和一定级配的矿质集料及填料经高温拌和得到的沥青混合料。

3.5

活化胶粉复合改性沥青同步碎石层

活化胶粉复合改性沥青和一定粒径的碎石集料,采用同步撒布工艺施工形成的具有防水、黏结、延缓下卧层裂缝反射作用的同步碎石层。

4 材料

4.1 基质沥青

基质沥青可选用符合 JTG F40—2004 相关规定的 A 级 70 号或 A 级 90 号道路石油沥青。

4.2 路用废胎胶粉

4.2.1 宜选用常温粉碎的斜交胎胶粉,技术要求应符合 JT/T 797—2019 的规定。

4.2.2 胶粉颗粒粒径宜在 0.18mm ~ 0.6mm(30 目 ~ 80 目)范围内。

4.3 活化废胎胶粉

4.3.1 活化废胎胶粉的技术要求见表 1。

表 1 活化废胎胶粉的技术指标

项目		单位	技术要求	试验方法
物理指标	含水率	%	≤1	GB/T 19208—2008
	金属含量	%	≤0.03	GB/T 19208—2008
	纤维含量	%	<1.0	GB/T 19208—2008
	门尼黏度 *ML*(1+4)100℃	—	≤95	DB 41/T 1611—2018 附录 A、附录 B
	相对密度	—	1.0 ~ 1.2	JT/T 797—2019
化学指标	灰分含量	%	≤10	GB/T 4498.1—2013
	丙酮抽出物含量	%	≤21	GB/T 3516—2006
	橡胶烃含量	%	≥42	GB/T 14837.2—2014
	炭黑含量	%	≥28	GB/T 14837.2—2014

4.3.2 活化胶粉掺量应根据室内试验确定,保证活化胶粉复合改性沥青符合表 2 的要求。

表 2 活化胶粉复合改性沥青技术要求

指标	技术要求	试验方法
180℃旋转黏度(Pa·s)	1 ~ 3	JT/T 798—2019
针入度(25℃,100g,5s)(0.1mm)	40 ~ 60	JTG E20—2011 T 0604
软化点 $T_{R\&B}$(℃)	≥65	JTG E20—2011 T 0606
弹性恢复(25℃)(%)	>80	JTG E20—2011 T 0662
延度(5℃,5cm/min)(cm)	>20	JTG E20—2011 T 0605
48h 软化点差(℃)	≤3.0	JTG E20—2011 T 0661

4.4 改性剂

改性剂可采用 SBS 或 SBR 等聚合物材料。

4.5 活化胶粉复合改性沥青

4.5.1 活化胶粉复合改性沥青的技术要求应符合表 2 的规定。

4.5.2 活化胶粉复合改性沥青,适用于拌制沥青混合料,洒布黏层及下封层,也适用于洒布应力吸收层。

4.6 集料及填料

粗集料、细集料及填料的技术要求应符合 JTG F40—2004 的相关规定。

5 活化胶粉复合改性沥青路面

5.1 一般规定

5.1.1 施工最低气温不应低于 10℃,大风、降雨天气不得施工。

5.1.2 铺筑前,应保证下卧层表面干燥、洁净、界面粗糙、结构完好。

5.1.3 施工时应铺筑试验段,确定施工工艺参数。

5.2 施工准备

5.2.1 铺筑沥青面层前,应检查基层或下卧沥青层的质量,不符合要求的不得铺筑面层。下卧层被污染时,必须清洗或铣刨后方可铺筑沥青面层。

5.2.2 活化胶粉复合改性沥青加工及混合料施工温度应根据改性沥青黏度及气候条件确定,且符合表 3 的规定。

表 3 活化胶粉复合改性沥青及混合料施工温度范围

工　序	控制温度(℃)	工　序	控制温度(℃)
沥青加热温度	160 ~ 180	混合料摊铺温度	≥155
集料加热温度	180 ~ 190	初压温度	≥145
混合料出料温度	165 ~ 180	碾压终了温度	≥85
混合料废弃温度	≥195	开放交通温度	≤50

5.3 配合比设计

5.3.1 活化胶粉复合改性沥青混合料宜采用间断级配,工程设计级配范围可参照表 4 确定。

表 4 活化胶粉复合改性沥青混合料矿料级配范围

级配类型	通过下列筛孔(mm)的质量百分数(%)											
	26.5	19	16	13.2	9.5	4.75	2.36	1.18	0.6	0.3	0.15	0.075
ARAC-20	100	90 ~ 100	77 ~ 90	64 ~ 76	45 ~ 59	25 ~ 39	18 ~ 30	14 ~ 21	8 ~ 17	6 ~ 13	5 ~ 10	4 ~ 8
ARAC-16	—	100	80 ~ 100	72 ~ 89	54 ~ 70	25 ~ 39	18 ~ 30	14 ~ 22	8 ~ 18	6 ~ 14	5 ~ 11	5 ~ 8

表4(续)

级配类型	通过下列筛孔(mm)的质量百分数(%)											
	26.5	19	16	13.2	9.5	4.75	2.36	1.18	0.6	0.3	0.15	0.075
ARAC-13	—	—	100	80~100	62~75	25~39	18~30	14~22	8~18	6~14	5~11	5~8
ARAC-10	—	—	—	100	90~100	25~39	18~30	14~22	8~18	6~14	5~11	5~8

5.3.2 活化胶粉复合改性沥青混合料配合比设计采用马歇尔试验方法,其技术要求应符合表5的规定。当采用其他设计方法时,应按本标准规定进行马歇尔试验及各项配合比设计检验。

表5 活化胶粉复合改性沥青混合料技术要求

指标	单位	技术要求	
击实次数	次	75(双面)	
稳定度	kN	≥8	
流值	mm	2~5	
设计空隙率 V_a	%	3~5	
沥青饱和度 VFA	%	70~85	
矿料间隙率 VMA(当空隙率为4%时)	%	相应于以下公称最大粒径(mm)的 VMA 要求	
		19	≥14
		16	≥14.5
		13.2	≥15
		9.5	≥16

5.3.3 在规定的条件下进行车辙、浸水马歇尔、冻融劈裂、低温弯曲和渗水试验,各项技术要求应符合表6的规定。

表6 活化胶粉复合改性沥青混合料路用性能技术要求

检验项目	技术要求		试验方法
车辙试验	动稳定度(次/mm)	≥4500	JTG E20—2011 T 0719
浸水马歇尔试验	残留稳定度(%)	≥85	JTG E20—2011 T 0709
冻融劈裂试验	残留强度比(%)	≥80	JTG E20—2011 T 0729
低温弯曲试验	破坏应变(με)	≥2500	JTG E20—2011 T 0715
渗水试验	渗水系数(mL/min)	≤100	JTG E20—2011 T 0730

5.4 混合料拌制

5.4.1 混合料宜采用间歇性振动拌和设备拌和,每盘拌和时间不少于50s,其中干拌时间不少于15s。
5.4.2 混合料宜即产即用,存储过程中降温幅度不应大于10℃。

5.5 混合料运输与摊铺

5.5.1 混合料运输过程中应覆盖保温。运料车到达施工场地后,应逐车检测温度,严禁使用不符合施工温度要求的混合料。

5.5.2 混合料摊铺过程中,运料车应在摊铺机前方1m～3m空挡等候,避免撞击摊铺机。

5.5.3 混合料摊铺宜采用大功率、抗离析摊铺机单机全幅摊铺或多台摊铺机以梯队形式同步摊铺。

5.6 混合料的压实与成型

5.6.1 混合料各阶段压实应遵循紧跟、慢压的原则,碾压温度应符合表3的规定。

5.6.2 碾压速度和碾压温度应根据试验段试压确定。碾压段长度:初压为10m～20m,复压及终压为20m～50m。

5.6.3 钢轮、轮胎压路机组合方式及碾压遍数应根据试验段试压确定,压路机数量不宜少于5台。

5.7 路面施工接缝

5.7.1 路面施工接缝应紧密、平顺,不得形成明显的接缝离析。

5.7.2 上、下层的纵向接缝应错开15cm(热接缝)或40cm(冷接缝)以上。相邻两幅或上、下层横向接缝应错开100cm以上。

5.7.3 接缝施工采用3m直尺检验。

6 活化胶粉复合改性沥青同步碎石层

6.1 一般规定

6.1.1 同步碎石层可用于:

a) 沥青面层层间黏层、水泥混凝土桥面防水黏结层;

b) 路面下封层;

c) 复合式沥青路面应力吸收层。

6.1.2 施工时路面最低气温不应低于15℃,大风、降雨天气不得施工。

6.1.3 施工前,应保证下卧层干燥、洁净、界面粗糙,结构完好。

6.1.4 施工时应选择不小于200m的试验段进行试撒布,确定集料和沥青用量、撒(洒)布速度、撒(洒)布温度等关键参数。

6.2 材料组成设计

6.2.1 集料经过拌和楼筛分、除尘,撒布量为满铺率的60%～70%。

6.2.2 活化胶粉复合改性沥青技术性能应符合表2的相关规定,集料规格及沥青用量应符合表7的规定。

表7 同步碎石层集料规格及沥青用量技术要求

范围		集料规格(mm)	沥青用量(kg/m^2)
黏层	旧路加铺、水泥混凝土桥面	S12(公称粒径5～10)	1.8～2.0
	新建路面		1.0～1.2
下封层		S10(公称粒径10～15)	1.8～2.0
应力吸收层		S10(公称粒径10～15)	2.0～2.4

6.3 同步碎石层施工

6.3.1 同步碎石层宜采用具备沥青搅拌功能的设备进行机械化施工,同步碎石封层车应平稳、匀速行驶,作业速度宜为3km/h～6km/h。

6.3.2 沥青洒布温度可根据黏度试验综合确定,保证其处于可流动、易喷洒状态。

6.4 同步碎石层成型

6.4.1 同步碎石层撒(洒)布后,宜采用轮胎压路机碾压2遍~3遍。
6.4.2 碾压完毕后,应对同步碎石层表面进行清扫,清除松散碎石。
6.4.3 对于成型后的同步碎石层应临时封闭交通,尽快进行沥青混合料摊铺,间隔时间不宜超过24h。

7 施工质量管理与检查验收

7.1 施工前材料检查

7.1.1 施工前应对原材料进行取样检测,对各种原材料应以"批"为单位进行取样检测,对活化胶粉复合改性沥青、集料等重要材料应提交正式的检测报告,对活化胶粉应按照表1的要求提供检测报告,对活化胶粉复合改性沥青应按照表2的要求提供检测报告。不符合要求的材料不得进场。
7.1.2 活化胶粉进场后应按每200t的频率抽检化学指标,按每生产班次的频率抽检物理指标。
7.1.3 活化胶粉的掺量应符合设计掺量要求,允许误差范围0~2%。
7.1.4 对于成品活化胶粉复合改性沥青,宜采用便携式黏度计进行现场黏度检测。采用间歇式生产,每罐抽检一次;采用连续式生产,每隔1h抽检一次。每次检测平行试验不少于3个样本。

7.2 施工过程中质量管理与检测

7.2.1 活化胶粉复合改性沥青路面施工过程检查项目和检查频率应符合JTG F40—2004的相关规定。
7.2.2 活化胶粉复合改性沥青同步碎石层施工过程检查项目和检查频率应符合表8的规定。

表8 活化胶粉复合改性沥青同步碎石层施工过程检查项目和检查频率

项目	检查频率	质量要求或允许误差	试验方法
沥青黏度	每批检查1次	符合本标准规定	JTG E20/2011 T 0625
沥青用量	每1000m^2检查1次	设计用量±0.15kg/m^2	测量单位面积沥青用量
集料用量	每半天检查1次	设计用量±2kg/m^2	测量单位面积集料用量
外观检查	随时	外观均匀一致,与下卧层黏结牢固,无露白、掉粒、松散	目测

7.3 工程验收阶段工程质量检查与验收

7.3.1 每2000m^2检测1组路面密实状况,其质量标准应符合表9的规定。

表9 活化胶粉复合改性沥青路面密实状况检查与验收标准

控制指标		上面层	中面层
压实度(%)		≥98	≥97
空隙率(%)	ARAC-10、ARAC-13、ARAC-16、ARAC-20	≤6	≤7

7.3.2 在上层沥青混合料摊铺前,应对活化胶粉复合改性沥青同步碎石层外观质量进行检测。